Todos los libros de Linkgua Ediciones cuentan con modelos de Inteligencia Artificial entrenados por hispanistas. Pregúntale al chat de tu libro lo que desees acerca de la obra o su autor/a.

Para ebooks: Accede a nuestro modelo de IA a través de este enlace.

Para libros impresos: Escanea el código QR de la portada con tu dispositivo móvil.

Obtén análisis detallados de nuestros libros, resúmenes, respuestas a tus preguntas y accede a nuestras ediciones críticas generativas para una experiencia de lectura más enriquecedora.

La transparencia y el respeto hacia la autoría de las fuentes utilizadas son distintivos básicos de nuestro proyecto. Por ello, las respuestas ofrecen, mediante un sistema de citas, las fuentes con las que han sido elaboradas.

José Rizal

Filipinas dentro de cien años

Barcelona 2024
Linkgua-ediciones.com

Créditos

Título original: Filipinas dentro de cien años.

© 2024, Red ediciones S.L.

e-mail: info@linkgua.com

Diseño de cubierta: Michel Mallard.

ISBN rústica ilustrada: 978-84-9816-705-4.
ISBN ebook: 978-84-9897-886-5.

Sumario

Brevísima presentación

La vida

José Protacio Rizal Mercado y Alonso Realonda (19 de junio de 1861, Calamba-30 de diciembre de 1896, Manila), fue patriota, médico y hombre de letras inspirador del nacionalismo de su país.

Rizal era hijo de un próspero propietario de plantaciones azucareras de origen chino. Su madre, Teodora Alonso, fue una de las mujeres más cultas de su época.

La formación de José Rizal transcurrió en el Ateneo de Manila, la Universidad de Santo Tomás de Manila y la de Madrid, donde estudió medicina.

Más tarde estudió en París y Heidelberg.

Noli me Tangere, su primera novela, fue publicada en 1886, seguida de *El Filibusterismo*, en 1891. Por entonces editó en Barcelona el periódico *La Solidaridad* en el que postuló sus tesis políticas

Pese a las advertencias de sus amigos, Rizal decidió regresar a su país en 1892. Allí encabezó un movimiento de cambio no violento de la sociedad que fue llamado «La Liga Filipina». Deportado a una isla al sur de Filipinas, fue acusado de sedición en 1896 y ejecutado en público en Manila.

I

Siguiendo nuestra costumbre de abordar de frente las más arduas y delicadas cuestiones que se relacionan con Filipinas, sin importarnos nada las consecuencias que nuestra franqueza nos pudiera ocasionar, vamos en el presente artículo a tratar de su porvenir.

Para leer en el destino de los pueblos, es menester abrir el libro de su pasado. El pasado de Filipinas se reduce en grandes rasgos a lo que sigue:

Incorporadas apenas a la Corona Española, tuvieron que sostener con su sangre y con los esfuerzos de sus hijos las guerras y las ambiciones conquistadoras del pueblo español, y en estas luchas, en esa crisis terrible de los pueblos cuando cambian de gobierno, de leyes, de usos, costumbres, religión y creencias, las Filipinas se despoblaron, empobrecieron y atrasaron, sorprendidas en su metamorfosis, sin confianza ya en su pasado, sin fe aun en su presente y sin ninguna lisonjera esperanza en los venideros días. Los antiguos señores, que solo habían tratado de conquistarse el temor y la sumisión de sus súbditos, por ellos acostumbrados a la servidumbre, cayeron como las hojas de un árbol seco, y el pueblo, que no les tenía ni amor ni conocía lo que era libertad, cambió fácilmente de amo, esperando tal vez ganar algo en la novedad.

Comenzó entonces una nueva era para los Filipinos. Perdieron poco a poco sus antiguas tradiciones, sus recuerdos; olvidaron su escritura, sus cantos, sus poesías, sus leyes, para aprenderse de memoria otras doctrinas, que no comprendían, otra moral, otra estética, diferentes de las inspiradas a su raza por el clima y por su manera de sentir. Entonces rebajóse, degradándose ante sus mismos ojos, avergonzóse de lo que era suyo y nacional, para admirar y alabar cuanto era extraño e incomprensible; abatióse su espíritu y se doblegó.

Y así pasaron años y pasaron siglos. Las pompas religiosas, los ritos que hablan a los ojos, los cantos, las luces, las imágenes vestidas de oro, un culto en un idioma misterioso, los cuentos, los milagros, y los sermones fueron hipnotizando el espíritu, supersticioso ya de por sí, del país, pero sin conseguir destruirlo por completo, a pesar de todo el sistema después desplegado y seguido con implacable tenacidad.

Llegado a este estado el rebajamiento moral de los habitantes, el desaliento, el disgusto de sí mismo, se quiso dar entonces el último golpe de gracia, para reducir a la nada tantas voluntades y tantos cerebros adormecidos, para hacer de los individuos una especie de brazos, de brutos, de bestias de carga, así como una humanidad sin cerebro y sin corazón. Entonces díjose, dióse por admitido lo que se pretendía, se insultó a la raza, se trató de negarle toda virtud, toda cualidad humana, y hasta hubo escritores y sacerdotes que, llevando el golpe más adelante, quisieron negar a los hijos del país no solo la capacidad para la virtud, sino también hasta la disposición para el vicio.

Entonces esto que creyeron que iba a ser la muerte fue precisamente su salvación. Moribundos hay que vuelven a la salud merced a ciertos medicamentos fuertes.

Tantos sufrimientos se colmaron con los insultos, y el aletargado espíritu volvió a la vida. La sensibilidad, la cualidad por excelencia del Indio, fue herida, y si paciencia tuvo para sufrir y morir al pie de una bandera extranjera, no la tuvo cuando aquel, por quien moría, le pagaba su sacrificio con insultos y sandeces. Entonces examinóse poco a poco, y conoció su desgracia. Los que no esperaban este resultado, cual los amos despóticos, consideraron como una injuria toda queja, toda protesta, y castigóse con la muerte, tratóse de ahogar en sangre todo grito de dolor, y faltas tras faltas se cometieron.

El espíritu del pueblo no se dejó por esto intimidar, y si bien se había despertado en pocos corazones, su llama, sin embargo, se propagaba segura y voraz, gracias a los abusos y a los torpes manejos de ciertas clases para apagar sentimientos nobles y generosos. Así cuando una llama prende a un vestido, el temor y el azoramiento hacen que se propague más y más, y cada sacudida, cada golpe es un soplo de fuelle que la va a avivar.

Indudablemente que durante todo este período ni faltaron generosos y nobles espíritus entre la raza dominante que trataran de luchar por los fueros de la justicia y de la humanidad, ni almas mezquinas y cobardes entre la raza dominada que ayudaran al envilecimiento de su propia patria. Pero unos y otros fueron excepciones y hablamos en términos generales.

Esto ha sido el bosquejo de su pasado. Conocemos su presente. Y ahora, ¿cuál será su porvenir?

¿Continuarán las Islas Filipinas como colonia española, y, en este caso, qué clase de colonia? ¿Llegarán a ser provincias españolas con o sin autonomía? Y para llegar a este estado, ¿qué clase de sacrificios tendrá que hacer?

¿Se separarán tal vez de la Madre patria para vivir independientes, para caer en manos de otras naciones o para aliarse con otras potencias vecinas?

Es imposible contestar a estas preguntas, pues a todas se puede responder con un «sí» y un «no», según el tiempo que se quiera marcar. Si no hay un estado eterno en la naturaleza, ¡cuánto menos lo debe de haber en la vida de los pueblos, seres dotados de movilidad y movimiento! Así es que para responder a estas preguntas es necesario fijar un espacio ilimitado de tiempo, y con arreglo a él tratar de prever los futuros acontecimientos.

La Solidaridad; núm. 16: Barcelona, 30 septiembre 1889.

II

¿Qué será de las Filipinas dentro de un siglo?

¿Continuarán como colonia española?

Si esta pregunta se hubiera hecho tres siglos atrás, cuando, a la muerte de Legazpi, los malayos filipinos empezaron poco a poco a desengañarse, y encontrando pesado el yugo intentaron vanamente sacudirlo, sin duda alguna que la respuesta hubiera sido fácil. Para un espíritu entusiasta de las libertades de su patria, para uno de aquellos indomables Kagayanes que alimentaban en sí el espíritu de los Magalats, para los descendientes de los heroicos Gat Pulintang y Gat Salakab de la provincia de Batangas, la independencia era segura, era solamente una cuestión de entenderse y de tentar un decidido esfuerzo. Empero, para el que, desengañado a fuerza de tristes experiencias, veía en todas partes desconcierto y desorden, apatía y embrutecimiento en las clases inferiores, desaliento y desunión en las elevadas, solo se presentaba una respuesta y era: tender las manos a las cadenas, bajar el cuello para someterlo al yugo y aceptar el porvenir con la resignación de un enfermo que ve caer las hojas y presiente un largo invierno, entre cuyas nieves entrevé los bordes de su fosa. Entonces el desconcierto era la razón del pesimismo; pasaron tres siglos, el cuello fuese acostumbrando al yugo, y cada nueva generación, procreada entre las cadenas, se adaptó cada vez mejor al nuevo estado de las cosas.

Ahora bien; ¿encuéntranse las Filipinas en las mismas circunstancias de hace tres siglos?

Para los liberales Españoles el estado moral del pueblo continúa siendo el mismo, es decir, que los Indios filipinos no han adelantado; para los frailes y sus secuaces, el pueblo ha sido redimido de su salvajismo, esto es, ha progresado;

para muchos Filipinos, la moral, el espíritu y las costumbres han decaído, como decaen todas las buenas cualidades de un pueblo que cae en la esclavitud, esto es, ha retrocedido.

Dejando a un lado estas apreciaciones, para no alejarnos de nuestro objetivo, vamos a hacer un breve paralelo de la situación política de entonces con la del presente, para ver si lo que en aquel tiempo no ha sido posible, lo será ahora, o viceversa.

Descartémonos de la adhesión que pueden tener los Filipinos a España; supongamos por un momento con los escritores españoles que entre las dos razas solo existen motivos de odio y recelo; admitamos las premisas cacareadas por muchos de que tres siglos de dominación no han sabido hacer germinar en el sensible corazón del Indio una semilla de afección o de gratitud, y veamos si la causa española ha ganado o no terreno en el Archipiélago.

Antes sostenían el pabellón español ante los Indígenas un puñado de soldados, trescientos o quinientos a lo más, muchos de los cuales se dedicaban al comercio y estaban diseminados, no solo en el Archipiélago, sino también en las naciones vecinas, empeñados en largas guerras contra los Mahometanos del Sur, contra los Ingleses y Holandeses, e inquietados sin cesar por Japoneses, Chinos y alguna que otra provincia o tribu en el interior. Entonces las comunicaciones con México y España eran lentas, raras y penosas; frecuentes y violentos los disturbios entre los poderes que regían el Archipiélago; exhausta casi siempre la Caja, dependiendo la vida de los colonizadores de una frágil nao, portadora del comercio de la China; entonces los mares de aquellas regiones estaban infestados de piratas, enemigos todos del nombre español, siendo la marina con que éste se defendía, una marina improvisada, tripulada las más de las veces por bisoños aventureros, si no por extranjeros y enemigos, como sucedió con la armada de Gómez Pérez Dasmariñas, frustrada y detenida por la rebelión de los bogadores Chinos que le asesinaron, destruyendo todos sus planes e intentos. Y sin embargo, a pesar de tan tristes circunstancias el pabellón español se ha sostenido por más de tres siglos, y su poder, si bien ha sido reducido, continúa sin embargo rigiendo los destinos del grupo de las Filipinas.

En cambio la situación actual parece de oro y rosa, diríamos, una hermosa mañana comparada con la tempestuosa y agitada noche del pasado. Ahora, se han triplicado las fuerzas materiales con que cuenta la dominación española; la marina relativamente se ha mejorado; hay más organización tanto en lo civil como en lo militar; las comunicaciones con la Metrópoli son más rápidas y más seguras; ésta no tiene ya enemigos en el exterior; su posesión está asegurada, y el país dominado, tiene al parecer menos espíritu, menos aspiraciones a la independencia, nombre que para él casi es incomprensible; todo augura, pues, a primera vista otros tres siglos, cuando menos, de pacífica dominación y tranquilo señorío.

Sin embargo por encima de estas consideraciones materiales se ciernen invisibles otras de carácter moral, mucho más trascendentales y poderosos.

Los pueblos del Oriente en general y los Malayos en particular son pueblos de sensibilidad: en ellos predomina la delicadeza de sentimientos. Aun hoy, a pesar del contacto con las naciones occidentales que tienen ideales distintos del suyo, vemos al Malayo filipino sacrificar todo, libertad, comodidad, bienestar, nombre en aras de una aspiración, o de una vanidad, ya sea religiosa, ya científica o de otro carácter cualquiera, pero a la menor palabra que lastime su amor propio olvida todos sus sacrificios, el trabajo empleado y guarda en su memoria y nunca olvida la ofensa que creyó recibir.

Así los pueblos Filipinos se han mantenido fieles durante tres siglos entregando su libertad y su independencia, ya alucinados por la esperanza del Cielo prometido, ya halagados por la amistad que les brindaba un pueblo noble y grande como el español, ya también obligados por la superioridad de las armas que desconocían y que para los espíritus apocados tenían un carácter misterioso, o ya porque valiéndose de sus enemistades intestinas, el invasor extranjero se presentaba como tercero en discordia para después dominar a unos y otros y someterlos a su poderío.

Una vez dentro la dominación española, mantúvose firme gracias a la adhesión de los pueblos, a sus enemistades entre sí, y a que el sensible amor propio del Indígena no se encontraba hasta entonces lastimado. Entonces el pueblo veía a sus nacionales en los grados superiores del ejército, a sus «maeses de campo» pelear al lado de los héroes de España, compartir sus laureles, no escatimándoseles nunca ni honores, ni honras ni consideraciones; entonces la fidelidad y adhesión a España, el amor a la Patria hacían del Indio, Encomendero y hasta General, como en la invasión inglesa; entonces no se habían inventado aún los nombres denigrantes y ridículos con que después han querido deshonrar los más trabajosos y penibles cargos de los jefes indígenas; entonces no se había hecho aún de moda insultar e injuriar en letras de molde, en periódicos, en libros «con superior permiso» o «con licencia de la autoridad eclesiástica», al pueblo que pagaba, combatía y derramaba su sangre por el nombre de España, ni se consideraba como hidalguía ni como gracejo ofender a una raza toda, a quien se le prohíbe replicar o defenderse; y si religiosos hubo hipocondríacos, que en los ocios de sus claustros se habían atrevido a escribir contra él, como el agustino Gaspar de San Agustín y el jesuíta Velarde, sus ofensivos partos no salían jamás a luz, y menos les daban por ello mitras o les elevaban a altas dignidades. Verdad es que tampoco eran los Indios de entonces como somos los de ahora: tres siglos de embrutecimiento y oscurantismo, algo tenían que influir sobre nosotros; la más hermosa obra divina en manos de ciertos obreros puede al fin convertirse en caricatura.

Los religiosos de entonces, queriendo fundar su dominio en el pueblo, se acercaban a él y con él formaban causa contra los encomenderos opresores. Naturalmente, el pueblo que los veía con mayor instrucción y cierto prestigio, depositaba en ellos su confianza, seguía sus consejos y los oía aun en los más amargos días. Si escribían, escribían abogando por los derechos de los Indios y hacían llegar el grito de sus miserias hasta las lejanas gradas del Trono. Y no pocos religiosos entre seglares y militares emprendían peligrosos viajes, como «diputados del país», lo cual unido a las estrictas «residencias» que se formaban entonces ante los ojos del Archipiélago a todos los gobernantes, desde el Capitán general hasta el último, consolaban no poco y tranquilizaban los ánimos lastimados, satisfaciendo, aunque no fuese más que en la forma, a todos los descontentos.

Todo esto ha desaparecido. Las carcajadas burlonas, penetran como veneno mortal en el corazón del Indio que paga y sufre, y son tanto más ofensivas cuanto más parapetadas están: las antiguas enemistades entre diferentes provincias las ha borrado una misma llaga, la afrenta general inferida a toda una raza. El pueblo ya no tiene confianza en los que un tiempo eran sus protectores, hoy sus explotadores y verdugos. Las máscaras han caído. Ha visto que aquel amor y aquella piedad del pasado se parecían al afecto de una nodriza, que incapaz de vivir en otra parte, deseara siempre la eterna niñez, la eterna debilidad del niño, para ir percibiendo su sueldo y alimentarse a su costa; ha visto que no solo no le nutre para que crezca, sino que le emponzoña para frustrar su crecimiento, y que a su más leve protesta ¡ella se convierte en furia! El antiguo simulacro de justicia, la santa «residencia» ha desaparecido; principia el caos en la conciencia; el afecto que se demuestra por un Gobernador general, como La Torre, se convierte en crimen en el gobierno del sucesor, y basta para que el ciudadano pierda su libertad y su hogar; si se obedece lo que un jefe manda, como en la reciente cuestión de la entrada de los cadáveres en las iglesias, es suficiente para que después el obediente subdito sea vejado y perseguido por todos los medios posibles; los deberes, los impuestos y las contribuciones aumentan, sin que por eso los derechos, los privilegios y las libertades aumenten o se aseguren los pocos existentes; un régimen de continuo terror y zozobra agita los ánimos, régimen peor que una era de disturbios, pues los temores que la imaginación crea suelen ser superiores a los de la realidad; el país está pobre; la crisis pecuniaria que atraviesa es grande, y todo el mundo señala con los dedos a las personas que causan el mal, ¡y nadie sin embargo se atreve a poner sobre ellas las manos!

Es verdad que como una gota de bálsamo a tanta amargura ha salido el Código Penal; pero ¿de qué sirven todos los Códigos del mundo, si por informes reservados, por motivos fútiles, por anónimos traidores se extraña, se destierra sin formación de causa, sin proceso alguno a cualquier honrado vecino? ¿De qué sirve ese Código Penal, de qué sirve la vida si no se tiene seguridad en el hogar, fe en la justicia, y confianza en la tranquilidad de la conciencia? ¿De qué sirve todo ese andamiaje de nombres, todo ese cúmulo de artículos, si la cobarde acusación de un traidor ha de influir en los medrosos oídos del autócrata supremo, más que todos los gritos de la justicia?

Si este estado de cosas continuase, ¿qué será de las Filipinas dentro de un siglo?

Los acumuladores se van cargando poco a poco, y si la prudencia del Gobierno no da escape a las quejas que se concentran, puede que un día salte la chispa. No es ocasión esta de hablar sobre el éxito que pudiera tener conflicto tan desgraciado: depende de la suerte, de las armas y de un millón de circunstancias que el hombre no puede prever; pero aun cuando todas las ventajas estuviesen de parte del Gobierno y por consiguiente las probabilidades de la victoria, sería una victoria de Pirro, y un Gobierno no la debe desear.

Si los que dirigen los destinos de Filipinas se obstinan, y en vez de dar reformas quieren hacer retroceder el estado del país, extremar sus rigores y las represiones contra las clases que sufren y piensan, van a conseguir que éstas se aventuren y pongan en juego las miserias de una vida intranquila, llena de privaciones y amarguras por la esperanza de conseguir algo incierto. ¿Qué se perdería en la lucha? Casi nada: la vida de las numerosas clases descontentas no ofrece gran aliciente para que se la prefiera a una muerte gloriosa. Bien se puede tentar un suicidio; pero ¿y después? ¿No quedaría un arroyo de sangre entre vencedores y vencidos, y no podrían éstos con el tiempo y con la experiencia igualar en fuerzas, ya que son superiores en número, a sus dominadores? ¿Quién dice que no? Todas las pequeñas insurrecciones que ha habido en Filipinas fueron obra de unos cuantos fanáticos o descontentos militares que para conseguir sus fines tenían que engañar y embaucar o valerse de la subordinación de sus inferiores. Así cayeron todos. Ninguna insurrección tuvo carácter popular ni se fundó en una necesidad de toda una raza, ni luchó por los fueros de la humanidad, ni de la justicia; así ni dejaron recuerdos indelebles en el pueblo, antes al contrario, viendo que había sido engañado, secándose las heridas, ¡aplaudió la caída de los que turbaron su paz! Pero y ¿si el movimiento nace del mismo pueblo y reconoce por causa sus miserias?

Así, pues, si la prudencia y las sabias reformas de nuestros ministros no encuentran hábiles y decididos intérpretes entre los gobernantes de Ultramar, y fieles continuadores en los que las frecuentes crisis políticas llaman a desempeñar tan delicado puesto; si a las quejas y necesidades del pueblo filipino se ha de contestar con el eterno «no há lugar», sugerido por las clases que encuentran su vida en el atraso de los súbditos; si se han de desatender las justas reclamaciones para interpretarlas como tendencias subversivas, negando al país su representación en las Cortes y la voz autorizada para clamar contra toda clase de abusos, que escapan al embrollo de las leyes; si se ha de continuar, en fin, con el sistema fecundo en resultados de enajenarse la voluntad de los Indígenas, espoleando su «apático» espíritu por medio de insultos e ingratitudes, podemos asegurar que dentro de algunos años, el actual estado de las cosas se habrá modificado por completo; pero inevitablemente. Hoy existe un factor que no había antes; se ha despertado el espíritu de la nación, y una misma desgracia y un mismo rebajamiento han unido a todos los habitantes de las Islas. Se cuenta con una numerosa clase ilustrada dentro y fuera del Archipiélago, clase creada y aumentada cada vez más y más por la torpezas de ciertos gobernantes, obligando a los habitantes a expatriarse, a ilustrarse en el extranjero, y se mantiene y lucha gracias a las excitaciones y al sistema de ojeo emprendido. Esta clase, cuyo número aumenta progresivamente, está en comunicación constante con el resto de las Islas, y si hoy no forma más que el cerebro del país, dentro de algunos años formará todo su sistema nervioso y manifestará su existencia en todos sus actos.

Ahora bien; para atajar el camino al progreso de un pueblo, la política cuenta con varios medios: el embrutecimiento de las masas por medio de una casta adicta al Gobierno, aristocrática como en las colonias holandesas, o teocrática como en Filipinas; el empobrecimiento del país; la destrucción paulatina de sus habitantes, y el fomento de las enemistades entre unas razas y otras.

El embrutecimiento de los Malayos filipinos se ha demostrado ser imposible. A pesar de la negra plaga de frailes, en cuyas manos está la «enseñanza» de la juventud, que pierde años y años miserablemente en las «aulas», saliendo de allí cansados, fatigados y disgustados de los libros; a pesar de la censura, que quiere cerrar todo paso al progreso; a pesar de todos los pulpitos, confesionarios, libros, novenas que inculcan odio a todo conocimiento no solo científico, sino hasta el mismo de la lengua castellana; a pesar de todo ese sistema montado, perfeccionado y practicado con tenacidad por los que quieren mantener las Islas en una santa ignorancia, hay escritores, librepensadores, historiógrafos, filósofos, químicos, médicos, artistas, jurisconsultos, etc. La ilustración se extiende, y la persecución que sufre la aviva. No; la llama divina del pensamiento es inextinguible en el pueblo filipino, y de un modo o de otro ha de brillar y darse a conocer. ¡No es posible embrutecer a los habitantes de Filipinas!

¿Podrá la pobreza detener su desarrollo?

Tal vez, pero es una medida muy peligrosa. La experiencia nos demuestra en todas partes, y sobre todo en Filipinas, que las clases más acomodadas han sido siempre las más amigas de la quietud y del orden, porque son las que viven mejor relativamente y podrían perder en los disturbios civiles. La riqueza trae consigo el refinamiento, el espíritu de conservación; mientras que la pobreza inspira ideas aventureras, deseos de cambiar las cosas, poco apego a la vida, etc. Machiavelo mismo encuentra peligroso este medio de sujetar a un pueblo, pues observa que la pérdida del bienestar suscita más tenaces enemigos que la pérdida de la vida. Además, cuando hay riqueza y abundancia hay menos descontentos, hay menos quejas, y el Gobierno, más rico, se encuentra también con más medios para sostenerse. En cambio en un país pobre sucede lo que en casa donde no hay harina; y además ¿de qué le sirviría a la Metrópoli una colonia macilenta y pobre?

Tampoco es posible destruir paulatinamente a los habitantes. Las razas filipinas, como todas las malayas, no sucumben ante el extranjero, como las razas australianas, las polinésicas y las razas indias del Nuevo Continente. Pese a las numerosas guerras que los Filipinos han tenido que sostener, pese a las epidemias que los visitan periódicamente, su número se ha triplicado, al igual que los malayos de Java y de las Molucas. El Filipino acepta la civilización y vive y se mantiene en contacto con todos los pueblos y en la atmósfera de todos los climas. El aguardiente, ese veneno que extingue a los naturales de las islas del Pacífico, no tiene poderío en Filipinas; antes por el contrario, parece que los Filipinos se han vuelto más sobrios, a comparar su estado actual con el que nos pintan los antiguos historiadores. Las pequeñas guerras con los habitantes del Sur consumen solamente a los soldados, gente que por su fidelidad a la bandera española, lejos de ser un peligro, es precisamente uno de sus más sólidos sostenes.

Queda el fomento de las enemistades de las provincias entre sí.

Esto era posible antes, cuando las comunicaciones de unas islas con otras eran difíciles y raras, cuando no había vapores, ni telégrafos, cuando se formaban los regimientos según las diferentes provincias, se halagaba a unas concediéndoles privilegios y honores, y se sostenía a otras contra las más fuertes. Pero ahora en que desaparecieron los privilegios, en que por espíritu de desconfianza se han refundido los regimientos, en que los habitantes se extrañan de unas islas a otras, naturalmente las comunicaciones y el cambio de impresiones aumentan, y viéndose todos amenazados de un mismo peligro y heridos en unos mismos sentimientos, se dan las manos y se unen. Cierto que la unión no es todavía del todo completa, pero a ella van encaminadas las medidas de «buen» gobierno, las deportaciones, las vejaciones que los vecinos en sus pueblos sufren, la movilidad de los funcionarios, la escasez de los centros de enseñanza, que hace que la juventud de todas las islas se reúnan y aprendan a conocerse. Los viajes a Europa contribuyen también no poco a estrechar estas relaciones, pues en el extranjero sellan su sentimiento patrio los habitantes de las provincias más distantes, desde los marineros hasta los más ricos negociantes, y al espectáculo de las libertades modernas y al recuerdo de las desgracias del hogar, se abrazan y se llaman hermanos.

En suma, pues, el adelanto y progreso moral de Filipinas es inevitable, es fatal.

Las Islas no pueden continuar en el estado en que están, sin recabar de la Metrópoli más libertades. «Mutatis, mutandis». A nuevos hombres, nuevo estado social.

Querer que continúen en sus pañales, es exponerse a que el pretendido niño se vuelva contra su nodriza y huya desgarrando los viejos trapos que le ciñen.

Las Filipinas, pues, o continuarán siendo del dominio español, pero con más derecho y más libertades, o se declararán independientes, después de ensangrentarse y ensangrentar a la Madre patria.

Como nadie debe desear ni esperar esta desgraciada ruptura, que sería un mal para todos y solamente el último argumento en el trance más desesperado, vamos a examinar al través de qué formas de evolución pacífica podrían las Islas continuar sometidas a la bandera de España, sin que los derechos, ni los intereses ni la dignidad de unas y otras se encontrasen en lo más mínimo lastimados.

«La Solaridad»; núm. 18: Barcelona, 31 octubre 1889.

III

Las Filipinas, si han de continuar bajo el dominio de España, tienen por fuerza que transformarse en sentido político, por exigirlo así la marcha de su historia y las necesidades de sus habitantes. Esto lo demostramos en el artículo anterior.

Esta transformación, dijimos también, ha de ser violenta y fatal, si parte de las esferas del pueblo; pacífica y fecunda en resultados, si de las clases superiores.

Algunos gobernantes han adivinado esta verdad, y llevados de su patriotismo, tratan de plantear reformas que necesitamos para prevenir los acontecimientos. Hasta el presente, no obstante cuantas se han dictado, han producido escasos resultados, tanto para el Gobierno como para el país, llegando a dañar en algunas ocasiones hasta aquellas que solo prometían un éxito feliz. Y es que se edifica sobre terreno sin consistencia.

Dijimos, y lo repetiremos una vez más, y lo repetiremos siempre: todas las reformas que tienen un carácter «paliativo» son, no solamente inútiles, sino hasta perjudiciales, cuando el Gobierno se encuentra enfrente de males que hay que remediar «radicalmente». Y si nosotros no estuviéramos convencidos de la honradez y rectitud de ciertos gobernantes, estaríamos tentados de decir que todas esas reformas parciales eran solo emplastos y pomadas de un médico que, no sabiendo curar un cáncer, o no atreviéndose a hacer la extirpación, quiere de esa manera distraer los padecimientos del enfermo, o contemporizar con la pusilanimidad de los timidos e ignorantes.

Todas las reformas de nuestros ministros liberales fueron, eran, son y serán buenas ... si se llevasen a cabo.

Cuando pensamos en ellas, se nos viene a la memoria el régimen dietético de Sancho Panza en la «Ínsula Barataria». Sentábase ante una suntuosa y bien servida mesa «llena de frutas y mucha diversidad de platos de diversos manjares»; pero entre la boca del infeliz y cada plato interponía su varilla el médico Pedro Rezio, diciendo: «absit!», y retiraban el manjar, dejándole a Sancho más hambriento que nunca. Verdad es que el despótico Pedro Rezio daba razones que no parece sino que Cervantes las escribió para los Gobiernos de Ultramar: -«No se ha de comer, señor Gobernador, sino como es uso y costumbre en las otras ínsulas donde hay gobernadores», etcétera -encontrando inconvenientes en todos los platos, unos por calientes, otros por húmedos, etcétera, enteramente como nuestros Pedros Rezios de allende y aquende los mares. ¡Maldito el bien que le hacía a Sancho el arte de su cocinero!

En el caso de nuestro país, las reformas hacen el papel de los manjares; Filipinas el de Sancho, y el del médico charlatán lo desempeñan muchas personas, interesadas en que no se toque a los platos, para aprovecharse de ellos tal vez.

Resulta que el pacienzudo Sancho, o Filipinas, echa de menos su libertad, renegando de todos los gobiernos, y acaba por rebelarse contra su pretendido médico.

De igual manera, mientras Filipinas no tenga prensa libre, no tenga voz en las Cámaras para hacer saber al Gobierno y a la Nación si se cumplen o no debidamente sus decretos, si aprovechan o no al país, todas las habilidades del ministro de Ultramar tendrán la suerte de los platos de la Ínsula Barataria.

El ministro, pues, que quiera que sus reformas sean reformas, debe principiar por declarar la prensa libre en Filipinas, y por crear diputados filipinos.

La prensa libre en Filipinas, porque las quejas de allá raras veces llegan a la Península, rarísimas veces, y si llegan, tan encubiertas, tan misteriosas, que no hay periódico que se atreva a reproducirlas; y si se reproducen, se reproducen tarde y mal.

Un Gobierno que «desde muy lejos administra un país», es el que más necesidad tiene de una prensa libre, más aun que el que Gobierna en la Metrópoli, si es que quiere hacerlo recta y decentemente. El Gobierno que «gobierna en el país», puede todavía prescindir de la prensa (si es que puede), porque está en el terreno, porque tiene ojos y oídos, y porque observa de cerca lo que rige y administra. Pero el Gobierno que «gobierna desde lejos», necesita absolutamente que la verdad y los hechos lleguen a su conocimiento por todas las vías posibles, para que pueda juzgarlos y apreciarlos mejor, y esta necesidad sube de punto cuando se trata de un país como Filipinas, cuyos habitantes hablan y se quejan en un idioma desconocido para las autoridades. Gobernar de otra manera se llamará también gobernar, puesto que es menester darle un nombre, pero es gobernar mal. Es juzgar oyendo solo a una de las partes; es dirigir un buque sin tener en cuenta las condiciones de éste, el estado del mar, los escollos, los bajos, el curso del viento, las corrientes, etc. Es administrar una casa pensando solo en darse lustre y pisto, sin ver lo que hay en la caja, sin pensar en los servidores y en la familia.

Pero la rutina es una pendiente por donde andan muchos Gobiernos, y la rutina dice que la libertad de la prensa es un peligro. Veamos qué dice la Historia. Las sublevaciones y las revoluciones han tenido siempre lugar en los países tiranizados, en aquellos donde al pensamiento y al corazón humano se les ha obligado a callar.

Si el gran Napoleón no hubiese tiranizado la prensa, acaso ella le hubiera advertido del peligro en que se precipitaba, y le hubiera dado a comprender que los pueblos estaban cansados y la tierra necesitaba paz; acaso su genio, en vez de gastarse en el engrandecimiento exterior, replegándose sobre sí mismo, hubiera trabajado por su consolidación y se hubiese consolidado. La misma España registra en su historia más revoluciones cuando la prensa estuvo amordazada. ¿Qué colonia se ha hecho independiente teniendo prensa libre, gozando de libertades? ¿Es preferible gobernar a tientas, o gobernar con conocimiento de causa?

Nos contestará alguno, alegando de que en las colonias con la prensa libre peligrara mucho el PRESTIGIO de los gobernantes, esa columna de los gobiernos falsos. Le contestaremos de que es preferible el prestigio de la Nación al de varios individuos. Una nación se conquista respeto no sosteniendo ni encubriendo abusos, sino castigándolos y reprobándolos. Además, le sucede a ese prestigio lo que decía Napoleón de los grandes hombres y sus ayudas de cámara. Nosotros, que sufrimos y sabemos todos los infundios y vejaciones de esos pretendidos dioses, no necesitamos la prensa libre para conocerlos; hace tiempo que están desprestigiados. La prensa libre la necesita el Gobierno, el Gobierno, que todavía sueña en el prestigio, que edifica sobre terreno minado.

Lo mismo decimos respecto de los diputados filipinos.

¿Qué peligros ve en ellos el Gobierno? Una de tres cosas: o salen revoltosos, pasteleros, o salen como deben ser.

Suponiendo que cayésemos en el pesimismo más absurdo y admitiésemos el insulto, grande para Filipinas, pero mayor aún para España, de que todos los diputados fuesen separatistas, y de que en todas sus proposiciones mantuviesen ideas filibusteras, ¿no está allí la mayoría, española y patriota, no está allí la claravidencia de los gobernantes para oponerse a sus fines y combatirlos? ¿Y no valdría esto más que el descontento que fermenta y cunde en el secreto del hogar, en las cabañas y en los campos? Cierto que el pueblo español no escatima nunca su sangre cuando de patriotismo se trata; pero ¿no sería más preferible la lucha de los principios en el Parlamento, que el cambio de balas en terrenos pantanosos, a 3.000 leguas de la patria, entre bosques impenetrables, bajo un ardiente Sol o entre lluvias torrenciales? Esas luchas pacíficas de las ideas, además de ser un termómetro para el Gobierno, tienen la ventaja de ser más baratas y gloriosas, porque el Parlamento español abunda precisamente en paladines de la palabra, invencibles en el terreno de los discursos. Además, dicen que los filipinos son indolentes y pacatos; ¿qué, pues, puede temer el Gobierno? ¿No influye en las elecciones? Francamente; es hacerles mucho honor a los filibusteros tenerles miedo en medio de las Cortes de la Nación.

Si salen pasteleros, como es de esperar y probablemente han de ser, tanto mejor para el Gobierno, y tanto peor para sus electores. Son unos votos más a favor, y el Gobierno podrá reirse a sus anchas de los filibusteros, si los hay.

Si salen como deben ser, dignos, honrados y fieles a sus misiones, molestarán sin duda con sus preguntas al ministro ignorante o incapaz, pero le ayudarán a gobernar y serán algunas personas honradas más entre los representantes de la Nación.

Ahora bien; si el verdadero inconveniente de los diputados filipinos consiste en el «olor a igorrotes» que le ponía tan inquieto en pleno Senado, al aguerrido general señor Salamanca, el señor don Sinibaldo de Mas, que ha visto de cerca a los igorrotes y ha querido vivir con ellos, puede afirmar de que olerán, cuando peor, como la pólvora, y el señor Salamanca, sin duda, no tiene miedo a ese olor. Y si no fuese más que esto, los filipinos, que allá en su país tienen la costumbre de bañarse todos los días, una vez que sean diputados, podrán dejar tan sucia costumbre, al menos durante el período legislativo, para no molestar con el olor del baño los delicados olfatos de los Salamancas.

Inútil de refutar ciertos inconvenientes de algunos lindos escritores, sobre las pieles más o menos morenas, y los rostros más o menos narigudos. En cuestión de estética, cada raza tiene la suya la China, por ejemplo, que tiene 414 millones de habitantes y cuenta con una civilización muy antigua, encuentra feos a todos los europeos a quienes llama Fan-Kwai, o sea diablos rojos. Su estética tiene 100 millones más de partidarios que la estética europea. Además, si de eso se ha de tratar, tendríamos que aceptar la inferioridad de los latinos, en especial la de los españoles, respecto de los sajones que son mucho más blancos.

Y mientras no se diga que la Cámara española es una reunión de Adónises, Antínoos, «boys» y otros «angelos» parecidos; mientras se vaya allí para legislar y no para socratizar o errar por hemisferios imaginarios, creemos que el Gobierno no se debe detener ante esos inconvenientes. El Derecho no tiene piel, ni la razón narices.

No vemos, pues, ninguna causa seria para que Filipinas no tenga diputados. Con su creación se acallan muchos descontentos, y en vez de achacar el país sus males al Gobierno, como sucede ahora, los sobrellevará mejor, porque al menos puede quejarse, y porque, teniendo sus hijos entre sus legisladores, se hace en cierto modo solidario de sus actos.

No sabemos si servimos bien los verdaderos intereses de nuestra patria pidiendo diputados. Sabemos que la falta de ilustración, el apocamiento, el egoísmo de muchos de nuestros compatriotas, y la audacia, la astucia y los poderosos medios de los que quieren allá el oscurantismo, pueden convertir la reforma en un nocivo instrumento. Pero queremos ser leales al Gobierno y le indicamos el camino que mejor nos parece para que sus esfuerzos no se malogren, para que desaparezcan los descontentos. Si después de planteada tan justa como necesaria medida, el pueblo filipino es tan necio y pusilánime, que haga traición a sus verdaderos intereses, entonces que recaigan sobre él las responsabilidades, que sufra todas las consecuencias. Cada país tiene la suerte que se merece, y el Gobierno podrá decir que ha cumplido con su deber.

Estas son las dos reformas fundamentales que, bien interpretadas y aplicadas, podrán disipar todas las nubes, afirmar el cariño a España y hacer fructificar todas las posteriores. Estas son las reformas «sine quibus non».

Es pueril el temor de que por ellas venga la independencia: la prensa libre le hará conocer al Gobierno los latidos de la opinión, y los diputados, si son los mejores de entre los hijos de Filipinas, como deben ser, serán sus rehenes. No habiendo motivo de descontento, ¿con qué se tratará de excitar las masas del pueblo?

Es de igual modo inaceptable el inconveniente que alegan otros acerca de la defectuosa cultura de la mayoría de los habitantes. Además de que no es tan defectuosa como se pretende, no hay razón ninguna plausible para que al ignorante y al desvalido (por culpa propia o ajena), se le niegue su representante que vele por él para que no le atropellen. Es quien precisamente más lo necesita. Nadie deja de ser hombre, nadie pierde sus derechos a la civilización solo por ser más o menos inculto, y puesto que se le considera al filipino como ciudadano capaz cuando se le pide su contribución y su sangre para defender la patria, ¿por qué se le ha de negar esa capacidad cuando de concederle un derecho se trata? Además, ¿por qué ha de ser responsable de su ignorancia, si está confesado por todos, amigos y enemigos, de que su afán de aprender es tan grande, que ya antes de que llegasen los españoles todos sabían leer y escribir, y que como vemos ahora, las más modestas familias hacen enormes sacrificios para que sus hijos puedan ilustrarse un poco, llegando el caso de servir como criados siquiera para aprender el castellano? ¿Cómo se ha de esperar que el país se ilustre en el estado actual, si vemos que cuantos decretos lanza el Gobierno en favor de la instrucción, se encuentran con Pedros Rezios que impiden su cumplimiento, porque tienen en sus manos lo que llaman enseñanza? Si el filipino, pues, es bastante inteligente para que contribuya, debe serlo también para elegir y tener quien vele por él y por sus intereses, con el producto de los cuales sirve al Gobierno de su Nación. Raciocinar de otra manera, es raciocinar como un embudo.

Vigiladas las leyes y los actos de las autoridades, la palabra Justicia puede comenzar a dejar de ser una ironía colonial. Lo que más hace respetables a los ingleses en sus posesiones, es su estricta y expeditiva justicia, de tal manera, que los habitantes depositan en los jueces toda su confianza. La Justicia es la virtud primera de las razas civilizadoras. Ella somete las naciones más bárbaras; la injusticia subleva a las más débiles.

Los puestos y los cargos debían darse por oposición, publicándose los trabajos y los juicios a fin de que haya estímulo y no surjan descontentos. Así si el Indio no sacude su «indolencia», no podrá murmurar si todos los cargos los ve desempeñados por «castilas».

Suponemos de que no serán los Españoles los que teman entrar en esta lid: así podrán probar su superioridad por la superioridad de su inteligencia. Y aunque esto no se acostumbra en la Metrópoli, debe practicarse en las colonias, por cuanto hay que buscar el verdadero prestigio por medio de las dotes morales, porque los colonizadores deben ser o parecer, cuando menos, justos, inteligentes e íntegros, como el hombre aparenta virtudes cuando está en contacto con personas extrañas. Los puestos y cargos así ganados rechazan naturalmente la arbitraria cesantía y crean empleados y gobernantes aptos y conocedores de sus deberes. Los puestos que desempeñen los Indios, en vez de poner en peligro la dominación española, solo servirían para afianzarla; pues ¿qué interés tendrían en cambiar lo seguro y estable contra lo incierto y problemático? El indio, además, es muy amante de la quietud y prefiere un modesto presente a un brillante porvenir. Díganlo esos varios funcionarios filipinos que se encuentran aún en las oficinas: son los más inertes conservadores.

Otras reformas de detalle podríamos añadir tocantes al comercio, a la agricultura, a la seguridad del individuo, de la propiedad, a la enseñanza, etc.; pero estas son cuestiones que trataremos por separado en otros artículos. Por ahora nos contentamos con los esquemas, no vaya alguno a decir que pedimos demasiado.

No faltarán espíritus que nos tachen de utópicos: mas ¿qué es la utopia? Utopia era un país que imaginó Thomas More, en donde había sufragio universal, tolerancia religiosa, abolición, casi completa, de la pena de muerte, etc. Cuando la novelita se publicó, consideráronse estas cosas como ensueños, imposibles, esto es, «utópicos». Y, sin embargo, la civilización ha dejado muy atrás el país de la Utopia: la voluntad y la conciencia humana han realizado más milagros, han suprimido los esclavos, y la pena de muerte para el adulterio ¡cosas imposibles aun para la misma Utopía!

Las colonias francesas tienen sus representantes; en las Cámaras inglesas se ha tratado también de dar representación a las colonias de la Corona «(Crown colonies)», pues las otras ya gozan de una cierta autonomía; la prensa, allí, es también libre; solo en España, que en el siglo XVI fue la nación modelo en la colonización, se queda muy postergada. Cuba y Puerto Rico, cuyos habitantes no llegan a la tercera parte de los de Filipinas, y que no han hecho por España los sacrificios que ésta, cuentan con numerosos diputados. Filipinas tuvo desde sus primeros días los suyos, que trataban con los Reyes y el Papa de las necesidades del país; los tuvo en los momentos críticos de España, cuando ésta gemía bajo el yugo napoleónico, y no se aprovecharon de la desgracia de la Metrópoli como otras colonias, sino que estrecharon más los vínculos que las unían a la Nación, dando pruebas de su lealtad; continuaron hasta muchos años después... ¿Qué crimen han cometido las Islas para que así se las prive de sus derechos?

En suma: las Filipinas continuarán siendo españolas, si entran en la vía de la vida legal y civilizada, si se respetan los derechos de sus habitantes, si se les conceden los otros que se les deben, si la política liberal de los Gobiernos se lleva a cabo sin trabas ni mezquindades, sin subterfugios ni falsas interpretaciones.

De otra manera, si se quiere ver en las Islas un filón por explotar, un recurso para contentar ambiciones, para librar de impuestos la Metrópoli, apurando la gallina de los huevos de oro y cerrando los oídos a todos los gritos de la razón, entonces, por grande que sea la fidelidad de los filipinos, no podrán impedir que se cumplan las leyes fatales de la Historia. «Las colonias fundadas para servir la política o el comercio de una metrópoli, concluyen» todas «por hacerse independientes», decía Bachelet; antes que Bachelet lo dijera, ya lo habían dicho todas las colonias fenicias, cartaginesas, griegas, romanas, inglesas, portuguesas y españolas.

Estrechos sin duda alguna son los vínculos que nos unen a España; no viven dos pueblos tres siglos en continuo contacto, participando de una misma suerte, vertiendo su sangre en los mismos campos, creyendo las mismas creencias, adorando al mismo Dios, comunicándose los mismos pensamientos, sin que nazcan entre ellos lazos más fuertes que los que imponen las armas o el temor: sacrificios y beneficios por parte de uno y otro han hecho nacer afecciones; Machiavelo, el gran conocedor del corazón humano, decía: «la natura degli huomini, e cosí obligarsi per li beneficii che essi fanno, come per quelli che essi ricevono» (condición humana es ligarse tanto por los beneficios que se hacen como por los que se reciben); todo esto y aun más es cierto; pero es sentimentalismo puro, y en el amargo campo de la política la dura necesidad y los intereses se imponen. Por mucho que los filipinos deban a España, no se les puede exigir que renuncien a su redención, que los liberales e ilustrados vaguen como desterrados del patrio suelo, que se ahoguen en su atmósfera las aspiraciones más groseras, que el pacífico habitante viva en continua zozobra, dependiendo la suerte de los pueblos de los caprichos de un solo hombre; la España no puede pretender, ni en el nombre del mismo Dios, que seis millones de hombres se embrutezcan, se les explote y oprima, se les niegue la luz, los derechos innatos en el ser humano, y después se les colme de desprecio e insultos; no, no hay gratitud que pueda excusar, no hay pólvora suficiente en el mundo que pueda justificar los atentados contra la libertad del individuo, contra el sagrado del hogar, contra las leyes, contra la paz y el honor; atentados que allá se cometen cada día; no hay Divinidad que pueda proclamar el sacrificio de nuestras más caras afecciones, el de la familia, los sacrilegios y violaciones que se cometen por los que tienen el nombre de Dios en los labios; nadie puede exigir del pueblo filipino un imposible; el noble pueblo español, tan amante de sus libertades y derechos, no puede decirle que renuncie a los suyos; el pueblo que se complace en las glorias de su pasado no puede pedir de otro, educado por él, acepte la abyección y deshonre su nombre!

Los que hoy luchamos en el terreno legal y pacífico de las discusiones, lo comprendemos así, y con la mirada fija en nuestros ideales, no cesaremos de abogar por nuestra causa, sin salir de los límites de lo legal; pero si antes la violencia nos hace callar o tenemos la desgracia de caer (lo cual es posible, pues no somos inmortales), entonces no sabemos qué camino tomarán los retoños numerosos y de mejor savia que se precipitarán para ocupar los puestos que dejemos vacíos.

Si lo que deseamos no se realiza...

Ante la eventualidad desgraciada, menester es que el horror no nos arredre, que en vez de cerrar los ojos, miremos cara a cara lo que pueda traer el porvenir. Y a ese fin, después de arrojar el puñado de tierra que se tributa a los Cancerberos, entremos francamente en el abismo para sondear sus terribles misterios.

«*La Solidaridad*»; núm. 21: Madrid, 15 diciembre 1889.

IV

La historia no registra en sus anales ninguna dominación duradera ejercida por un pueblo sobre otro, de razas diferentes, de usos y costumbres extrañas, y de ideales opuestos o divergentes.

Uno de los dos ha tenido que ceder y sucumbir; o el extranjero fue arrojado como les sucedió a los cartagineses, los árabes y los franceses en España, o el pueblo indígena tuvo que sucumbir, o retirarse como fue el caso de los habitantes del nuevo Continente, de Australia, Nueva Zelanda, etc.

Una de las más largas dominaciones fue la de los árabes en España, que duró siete siglos. Pero, a pesar de vivir el pueblo conquistador en medio del país conquistado; a pesar del fraccionamiento de los pequeños estados de la Península que surgían poco a poco, como pequeñas islas en medio de la gran inundación sarracena; a pesar del espíritu caballeresco, de la bizarría y de la tolerancia religiosa de los califas, fueron echados al fin tras de sangrientas y tenaces luchas que formaron la Patria española y crearon la España de los siglos XV y XVI.

Es contra todas las leyes naturales y morales la existencia de un cuerpo extraño dentro de otro dotado de fuerza y actividad. La ciencia nos enseña, o que se asimila, destruye el organismo, se elimina o se enquista.

El enquistamiento de un pueblo conquistador es imposible, toda vez que significa aislamiento completo, inercia absoluta, adinamia del elemento vencedor. El enquistamiento significa aquí la tumba del invasor extranjero.

Pues bien: aplicando estas consideraciones a Filipinas, tenemos por fuerza que concluir, como deducción de todo lo que venimos diciendo, que si no se asimila su población a la patria española, si los dominadores no se apropian el espíritu de sus habitantes, si leyes equitativas y reformas francas y liberales no les hacen olvidar a los unos y a los otros de que son de razas diferentes, o si ambos pueblos no se funden para constituir una masa social y políticamente homogénea que no esté trabajada por opuestas tendencias y antagónicos pensamientos e intereses, las Filipinas se han de declarar un día fatal e infaliblemente independientes. Contra esta ley del destino no podrán oponerse ni el patriotismo español, ni el clamoreo de todos los tiranuelos de Ultramar, ni el amor a España de todos los filipinos, ni el dudoso porvenir de la desmembración y las luchas intestinas de las islas entre sí. La necesidad es la divinidad más fuerte que el mundo conoce, y la necesidad es el resultado de las leyes físicas puestas en movimiento por las fuerzas morales.

Dijimos, y la estadística lo prueba, que es imposible destruir la raza filipina. Y aun cuando fuese posible, ¿qué interés tendría España en la destrucción de los habitantes de un suelo que ella no puede poblar ni cultivar, cuyo clima le es hasta cierto punto funesto? ¿De qué le servirían las Filipinas sin los filipinos? Sí, precisamente, dado su sistema de colonización y el carácter transitorio de los peninsulares que pasan a Ultramar, una colonia le es tanto más útil y productiva cuanto más habitantes y riquezas posee. Además, que para destruir a los seis millones de malayos, aun suponiéndoles que están en la infancia y que nunca han de aprender a luchar y defenderse, se necesita cuando menos que España sacrifique una cuarta parte de su población. Esto se lo recordamos a los partidarios de la explotación colonial. Pero nada de esto puede suceder. Lo inminente es que, si la instrucción y las libertades necesarias a la vida humana España se las niega a los filipinos, éstos buscarán su instrucción en el extranjero, a espaldas de la Madre patria, y se procurarán de un modo o de otro ciertas comodidades en su país. Resultado: que la resistencia de los políticos miopes y raquíticos no solo es inútil, sino perjudicial, pues lo que pudo ser motivo de gratitud y amor, se convierte en resentimiento y odio.

Odio y resentimiento por una parte, suspicacia e ira por otra, acabarán por fin en un choque violento y terrible; máxime cuando hay elementos interesados en que se perturbe el orden para pescar algo en turbio, para demostrar su valioso poder, para lanzar lamentaciones, recriminar o activar medidas violentas, etc. De esperar es que el Gobierno salga triunfante, y generalmente (y es la costumbre) se extrema en el castigo, ya sea para dar un terrible escarmiento para hacer alarde de severidad, o también para vengar en el vencido los momentos de terror y zozobra que el peligro le hizo pasar. Inevitable accesorio de estas catástrofes es el cúmulo de injusticias que se cometen en inocentes o pacíficos habitantes. Las venganzas privadas, las delaciones, las acusaciones infames, los resentimientos, la codicia del bien ajeno, el momento oportuno para una calumnia, la prisa y los procedimientos expeditivos de los tribunales militares, el pretexto de la integridad de la Patria y de la razón de Estado que todo lo cubre y abona, aun para las conciencias escrupulosas, que son ya por desgracia raras, y sobre todo el temor cerval, la cobardía que se ceba en el vencido, todas estas cosas aumentan los rigores y el número de las víctimas. Resulta que un arroyo de sangre se interpone ahora entre los dos pueblos; que los heridos y resentidos, en vez de disminuirse se aumentan, pues a las familias y amigos de los culpables, que siempre creen excesivo el castigo e injusto el juez, hay que agregar las familias y amigos de los inocentes que no ven ninguna ventaja en vivir y obrar sumisa y pacíficamente. Considérese además que si las medidas de rigor son ya peligrosas en medio de una nación constituída por una población homogénea, el peligro se centuplica cuando el Gobierno forma raza diferente de la de los gobernados. En la primera, una injusticia todavía se puede atribuir a un solo hombre, al gobernante movido por pasiones privadas, y muerto el tirano, el ofendido se reconcilia con el Gobierno de su nación. Pero en países dominados por una raza extranjera, el acto de severidad más justo se interpreta por injusticia y opresión, por aquello de que lo dicta una persona extraña que no tiene simpatías o que es enemigo del país; y la ofensa no solo ofende al ofendido, sino a toda su raza, porque no se suele considerar personal, y el resentimiento, naturalmente, se extiende a toda la raza gobernante y no muere con el ofensor.

De aquí la inmensa prudencia y exquisito tacto que deben adornar a los países colonizadores; y el hecho de considerar el Gobierno de las colonias en general, y nuestro Ministerio de Ultramar en particular, como escuelas de aprendizaje, contribuye notablemente a que se cumpla la gran ley de que las colonias se declaran independientes más o menos tarde.

Así, por esa pendiente, se despeñan los pueblos; a medida que se bañan en sangre y se empapan en hiel y lágrimas, la colonia, si tiene vitalidad, aprende a luchar y a perfeccionarse en el combate, mientras que la Madre patria, cuya vida en la colonia depende de la paz y de la sumisión de los súbditos, se debilita cada vez, y aunque haga heroicos esfuerzos, al fin, como su número es menor, y solo tiene una vida ficticia, acaba por morir. Es como un rico sibarita que, acostumbrado a ser servido por numerosos criados, que trabajan y siembran para él, el día en que sus esclavos le nieguen la obediencia, como no vive de por sí, tiene que morir.

Las venganzas, las injusticias y la suspicacia de un lado, y por otro el sentimiento de la patria y de la libertad que se despertará en estas luchas continuas, insurrecciones y levantamientos, acabarán de generalizar el movimiento y uno de los dos pueblos tiene que sucumbir. La laxitud será corta, puesto que equivaldrá a una esclavitud mucho más cruel que la muerte para el pueblo, y a un desprestigio deshonroso para el dominador. Uno de los pueblos tiene que sucumbir.

España, por el número de sus habitantes, por el estado de su ejército y marina, por la distancia a que se encuentran las islas, por los pocos conocimientos que de ellas tiene, y por luchar contra una población cuyo amor y voluntad se ha enajenado, tendrá por fuerza que ceder, si es que no quiere arriesgar, no solo sus otras posesiones y su porvenir en África, sino también su misma independencia en Europa. Todo esto a costa de mucha sangre, muchos crímenes, después de mortales luchas, asesinatos, incendios, fusilamientos, hambres, miseria, etc., etc. El español es bravo y patriota, y lo sacrifica todo, en favorables momentos, al bien de la Patria: tiene el arrojo y la decisión de su toro; el filipino no ama menos la suya, y aunque es más tranquilo, pacífico y difícilmente se le excita, una vez que se lanza, no se detiene, y para él toda lucha significa la muerte de uno de dos combatientes; conserva toda la mansedumbre y toda la tenacidad y la furia de su karabaw. El clima influye de igual manera en los animales bípedos que en los cuadrúpedos.

Las terribles lecciones y las duras enseñanzas que estas luchas hayan dado a los filipinos, habrán servido para mejorar su moral y robustecerlos. La España del siglo XV no era la del siglo VIII. Con la severa experiencia, en vez de entrar en luchas intestinas de unas islas con otras, como generalmente se teme, se tenderán mutuamente los brazos, como los náufragos cuando arriban a una isla después de una espantosa noche de tormenta. No vayan a decir que nos ha de pasar lo que a las pequeñas repúblicas americanas. Estas se conquistaron fácilmente su independencia, y sus habitantes están animados de un espíritu diferente del de los filipinos. Además, el peligro de caer otra vez en otras manos, de ingleses o alemanes, por ejemplo, les obligará a ser sensatos y prudentes. La no gran preponderancia de ninguna raza sobre las otras apartará de la imaginación toda ambición loca de dominar, y como la tendencia de los países tiranizados, una vez que sacuden el yugo, es adoptar el Gobierno más libre, como un chico que sale del colegio, como la oscilación del péndulo, por una ley de la reacción las Islas se declararán probablemente en República federal...

Si las Filipinas consiguen su independencia al cabo de luchas heroicas y tenaces, pueden estar seguras de que ni Inglaterra, ni Alemania, ni Francia, y menos Holanda, se atreverán a recoger lo que España no ha podido conservar. El África, dentro de algunos años, absorberá por completo la atención de los europeos, y no hay nación sensata que por ganar un puñado de islas aguerridas y pobres, descuide los inmensos territorios que le brinda el Continente Negro, vírgenes, no explotados y poco defendidos. Inglaterra tiene ya bastantes colonias en el Oriente y no se va a exponer a perder el equilibrio; no va a sacrificar su imperio de la India por el pobre Archipiélago filipino; si abrigase esta intención, no habría devuelto Manila en 1763; habría conservado un punto cualquiera de Filipinas para irse desde allí extendiendo poco a poco. Además, ¿para qué necesita el comerciante John Bull matarse por Filipinas cuando ésta ya no es la señora del Oriente, cuando allí están Singapore, Hong-Kong, Shanghai, etc.? Probablemente, Inglaterra mirará con buenos ojos la independencia de Filipinas, que le abrirá sus puertos y dará más franquicias a su comercio. Además, en el Reino Unido hay tendencias y opiniones que creen que ya tienen demasiado número de colonias, que éstas son perjudiciales, y que debilitan mucho a la Metrópoli.

Por las mismas razones Alemania no querrá aventurarse, y porque un desequilibrio de sus fuerzas y una guerra en países lejanos hacen peligrar su existencia en el continente; así vemos que su actitud, tanto en el Pacífico como en África, se limita a conquistar fáciles «territorios que no pertenecen a nadie». Alemania rehuye toda complicación exterior.

Francia tiene más que hacer y ve más porvenir en Tonkin y en la China, además de que el espíritu francés no brilla por su afán colonizador; Francia ama la gloria, pero la gloria y los laureles que crecen en los campos de batalla de Europa: el eco de los campos de batalla del Extremo Oriente no satisface mucho su sed de renombre, porque llega muy amortiguado. Encuéntrase, además, con otras obligaciones, tanto en el interior como en el Continente.

Holanda es sensata y se contentará con conservar las Molucas y Java; Sumata le brinda más porvenir que Filipinas, cuyos mares y costas son de mal agüero para las expediciones holandesas. Holanda va con mucha cautela en Sumatra y Borneo, por temor de perderlo todo.

La China se considerará bastante feliz si consigue mantenerse unida y no se desmembra, o se la reparten las potencias europeas que colonizan en el Continente asiático.

Lo mismo le pasa al Japón. Tiene al Norte la Rusia, que lo codicia y espía; al Sur la Inglaterra, que se le entra hasta en el idioma oficial. Encuéntrase además bajo una diplomática presión europea tal, que no podrá pensar en el exterior hasta librarse de ella, y no lo consentirá fácilmente. Verdad es que tiene exceso de población, pero la Corea le atrae más que Filipinas, y es además más fácil de tomar.

«Acaso la gran República Americana, cuyos intereses se encuentran en el Pacífico y que no tiene participación en los despojos del África, piense un día en posesiones ultramarinas.» No es imposible, pues el ejemplo es contagioso, la codicia y la ambición son vicios de los fuertes, y Harrison se manifestó algo en este sentido cuando la cuestión de Samoa; pero ni el Canal de Panamá está abierto, ni los territorios de los Estados tienen plétora de habitantes, y caso de que lo intentara abiertamente, no le dejarían paso libre las potencias europeas, que saben muy bien que el apetito se excitó con los primeros bocados. La América del Norte sería una rival demasiado molesta, si una vez practica el oficio. Es además contra sus tradiciones.

Muy probablemente las Filipinas defenderán con un ardor indecible la libertad comprada a costa de tanta sangre y sacrificios. Con los hombres nuevos que broten de su seno y con el recuerdo de su pasado, se dedicarán tal vez a entrar abiertamente en la ancha vía del progreso, y todos trabajarán de consuno a fortalecer su patria, así en el interior como en el exterior, con el mismo entusiasmo con que un joven vuelve a labrar el campo de sus padres, tanto tiempo devastado y abandonado gracias a la incuria de los que le enajenaron. Entonces volverá a desenterrar de las minas el oro para remediar la miseria, el hierro para armarse, el cobre, el plomo, el carbón, etc.; acaso el país resucite a la vida marítima y mercantil a que están llamados los isleños por la Naturaleza, sus aptitudes y sus instintos, y libre otra vez, como el ave que deja la jaula, como la flor que vuelve al aire libre, volverá a recobrar las antiguas buenas cualidades que poco a poco va perdiendo, y será otra vez amante de la paz, jovial, alegre, sonriente, hospitalario y audaz.

Esto y otras cosas más pueden suceder dentro de cien años más o menos. Pero el más lógico augurio, la profecía basada en mejores probabilidades pueden fallar por causas insignificantes y remotas. Un pulpo que se agarró a la nave de Marco Antonio cambió la faz del mundo; una cruz en el Calvario y un justo clavado en ella, cambió la moral de media humanidad, y, sin embargo, antes de Cristo, ¡cuántos justos no han perecido inicuamente y cuántas cruces no se plantaron en aquella colina! La muerte del Justo santificó su obra e hizo su doctrina incontrovertible. Un barranco en la batalla de Waterlóo sepultó todas las glorias de dos décadas luminosas, todo el mundo napoleónico, y libertó a la Europa. ¿De qué accidentes fortuitos dependerán los destinos de Filipinas?

Sin embargo, no es bueno fiarse en lo eventual; hay una lógica imperceptible e incomprensible a veces en las obras de la Historia. Bueno es que tanto los pueblos como los gobiernos se ajusten a ella.

Y por eso nosotros repetimos y repetiremos siempre, mientras sea tiempo, que vale más adelantarse a los deseos de un pueblo, que ceder: lo primero capta simpatías y amor; lo segundo, desprecio e ira. Puesto que es necesario dar a seis millones de filipinos sus derechos para que sean de hecho españoles, que se los dé el Gobierno libre y espontáneamente, sin reservas injuriosas, sin suspicacias irritantes. No nos cansaremos de repetirlo mientras nos quede un destello de esperanza: preferimos esta desagradable tarea a tener un día que decir a la Madre Patria: «España, hemos empleado nuestra juventud a servir tus intereses en los intereses de nuestro país; nos hemos dirigido a ti, hemos gastado toda la luz de nuestras inteligencias, todo el ardor y el entusiasmo de nuestro corazón para trabajar por el bien de lo que era tuyo, para recabar de ti una mirada de amor, una política liberal que nos asegure la paz de nuestra patria y tu dominio sobre unas adictas pero desgraciadas islas! España, te has mantenido sorda, y, envuelta en tu orgullo, has proseguido tu funesto camino y nos has acusado de traidores, solo porque amamos a nuestro país, porque te decimos la verdad, y odiamos toda clase de injusticias. ¿Qué quieres que digamos a nuestra miserable patria, cuando nos pregunte acerca del éxito de nuestros esfuerzos? ¿Le habremos de decir que, puesto que por ella hemos perdido todo, juventud, porvenir, ilusiones, tranquilidad, familia; puesto que en su servicio hemos agotado todos los recursos de la esperanza, todos los desengaños del anhelo, que reciba también el resto que no nos sirve, la sangre de nuestras venas y la vitalidad que queda en nuestros brazos? ¡España!, ¿le habremos de decir un día a Filipinas que no tienes oídos para sus males, y que si desea salvarse que se redima ella sola?»

«*La Solidaridad*»; núm. 24: Madrid, 31 enero 1890.

Libros a la carta

A la carta es un servicio especializado para
empresas,
librerías,
bibliotecas,
editoriales
y centros de enseñanza;
y permite confeccionar libros que, por su formato y concepción, sirven a los propósitos más específicos de estas instituciones.

Las empresas nos encargan ediciones personalizadas para marketing editorial o para regalos institucionales. Y los interesados solicitan, a título personal, ediciones antiguas, o no disponibles en el mercado; y las acompañan con notas y comentarios críticos.

Las ediciones tienen como apoyo un libro de estilo con todo tipo de referencias sobre los criterios de tratamiento tipográfico aplicados a nuestros libros que puede ser consultado en Linkgua-ediciones.com.

Linkgua edita por encargo diferentes versiones de una misma obra con distintos tratamientos ortotipográficos (actualizaciones de carácter divulgativo de un clásico, o versiones estrictamente fieles a la edición original de referencia).

Este servicio de ediciones a la carta le permitirá, si usted se dedica a la enseñanza, tener una forma de hacer pública su interpretación de un texto y, sobre una versión digitalizada «base», usted podrá introducir interpretaciones del texto fuente. Es un tópico que los profesores denuncien en clase los desmanes de una edición, o vayan comentando errores de interpretación de un texto y esta es una solución útil a esa necesidad del mundo académico.

Asimismo publicamos de manera sistemática, en un mismo catálogo, tesis doctorales y actas de congresos académicos, que son distribuidas a través de nuestra Web.

El servicio de «libros a la carta» funciona de dos formas.

1. Tenemos un fondo de libros digitalizados que usted puede personalizar en tiradas de al menos cinco ejemplares. Estas personalizaciones pueden ser de todo tipo: añadir notas de clase para uso de un grupo de estudiantes, introducir logos corporativos para uso con fines de marketing empresarial, etc. etc.

2. Buscamos libros descatalogados de otras editoriales y los reeditamos en tiradas cortas a petición de un cliente.